CP
cycle 2

Cahier d'activités 3

Sous la direction de
Marc Démarest
conseiller pédagogique

Viviane Audouard
directrice d'école, coordonnatrice de REP

Patrick Lenglet
professeur des écoles spécialisé

Sergine Loreau
professeur des écoles en CP

Textes

Michel Ocelot
(pages 6, 15, 24, 32, 39, 47, 54, 62)

Illustrations

Michel Ocelot
(pages 4, 12, 37, 40, 50, 63, 73, 75)
Amélie Jackowski

Maquette

Graphismes et Triptyque

Avec la collaboration éditoriale de

Christine Delage

© HATIER, PARIS, 2003. ISBN 2 218 74326 5
Les textes des pages 6, 15, 24, 32, 39, 47, 54, 62 sont extraits de *Kirikou et Karaba*, © Hatier.
© Hachette Livre de poche Jeunesse pour le texte original de *Kirikou et la Sorcière*.

Les activités du cahier 3

Dans ce tableau, est présenté l'ensemble des activités du cahier 3 (période 5), réparties par extrait. Les activités sont regroupées par champ de compétences (compréhension, production de texte...). Certains numéros n'apparaissent pas car les activités correspondantes sont proposées dans les cahiers 1 ou 2.

	COMPRÉHENSION	1	2	3	4	5	6	7	8
2	J'entoure les dessins qui correspondent à l'histoire.					●			
3	Je barre le mot en trop.				●				
4	Je relie pour faire des phrases.						●	●	●
5	Je complète les phrases (le texte).			●	●		●		
6	J'écris le début (la fin) des phrases.	●				●			
7	Je mets les dessins dans l'ordre de l'histoire.								●
8	Je mets les phrases dans l'ordre de l'histoire.	●				●			
9	Je dessine ce qui est écrit.				●	●			
10	Je relie chaque phrase à vrai ou faux. / J'écris vrai ou faux.	●						●	
11	Je coche la bonne réponse.				●				
12	Je réponds à chaque question par une phrase.	●	●	●	●	●	●	●	●
14	J'entoure les mots ou groupes de mots qui désignent ...					●			
	PRODUCTION DE TEXTE	1	2	3	4	5	6	7	8
2	J'imagine...					●			●
3	J'imagine la suite de l'histoire		●	●			●	●	
4	Je raconte...					●			●
6	Je complète les bulles.	●				●			
7	Je raconte... / J'écris les phrases avec chaque mot.							●	
	VOCABULAIRE	1	2	3	4	5	6	7	8
2	Je colorie de la même couleur les mots que je peux regrouper.				●	●			
3	Je dessine.	●							
4	Je range les mots dans l'ordre alphabétique.					●			●
6	Je relie les mots de la même famille. / Je complète.					●			
	TEXTE	1	2	3	4	5	6	7	8
2	Je me repère dans le texte.							●	
3	Je me repère dans la table des matières du livre.				●				
5	J'entoure...			●					
	PHRASE	1	2	3	4	5	6	7	8
1	Je barre les phrases incorrectes.			●					
2	Je sépare les mots et j'écris la phrase. / Je souligne les phrases écrites correctement.		●		●			●	
3	J'entoure les mots demandés.			●				●	
4	J'écris une phrase avec tous les mots donnés. / J'écris une phrase en choisissant des mots.	●				●	●		
	MOT	1	2	3	4	5	6	7	8
1	Je reconnais les mots... et je les écris.	●							
3	Je dessine ce qui est écrit.						●		●
4	Je complète chaque phrase avec le « petit mot » qui convient.			●					

SYLLABE	1	2	3	4	5	6	7	8
1 Je découpe les mots en syllabes.		●						●
2 Je coche la syllabe commune.						●		
3 Je complète chaque mot avec la syllabe manquante.							●	
4 Je retrouve les mots et je les écris.				●				
5 Je change (j'ajoute, je retire) une syllabe dans le mot (au mot), je trouve un autre mot.		●			●			●

PHONÈME-GRAPHÈME	1	2	3	4	5	6	7	8
1 J'entoure les lettres qui correspondent à chaque son.		●						●
2 Je trouve le son … et j'entoure les lettres qui correspondent à ce son.					●			
4 J'écris des mots dans lesquels j'entends le son ….					●			
5 Je trouve le son commun… et j'entoure les lettres… / Je trouve des mots dans lesquels je vois la lettre … et je les classe./ Je complète les mots avec l'écriture correcte du son … / Je classe les mots.	●	●	●	●	●	●	●	●
6 Je retrouve les mots à partir des sons dictés et je les écris.	●							
7 Je propose une écriture pour chaque mot. / J'entoure le mot qui correspond au dessin.	●	●						●
8 Je change (je retire, j'ajoute) un son dans le mot (au mot), je trouve un autre mot.				●		●	●	

LETTRE	1	2	3	4	5	6	7	8
1 J'écris les mots dans les cases.					●			●
3 Je complète les mots avec les lettres manquantes.			●			●		
4 Je retrouve les mots et je les écris.			●	●				

ORTHOGRAPHE	1	2	3	4	5	6	7	8
2 J'écris les mots qui correspondent aux dessins (les mots manquants).				●			●	
3 Je souligne…					●			
4 Je complète chaque phrase avec le verbe (le nom) qui convient.	●							
5 Je relie.					●			
6 J'écris un adjectif pour chaque nom.						●		

ÉCRITURE	1	2	3	4	5	6	7	8
2 J'écris en écriture cursive.	●			●				●

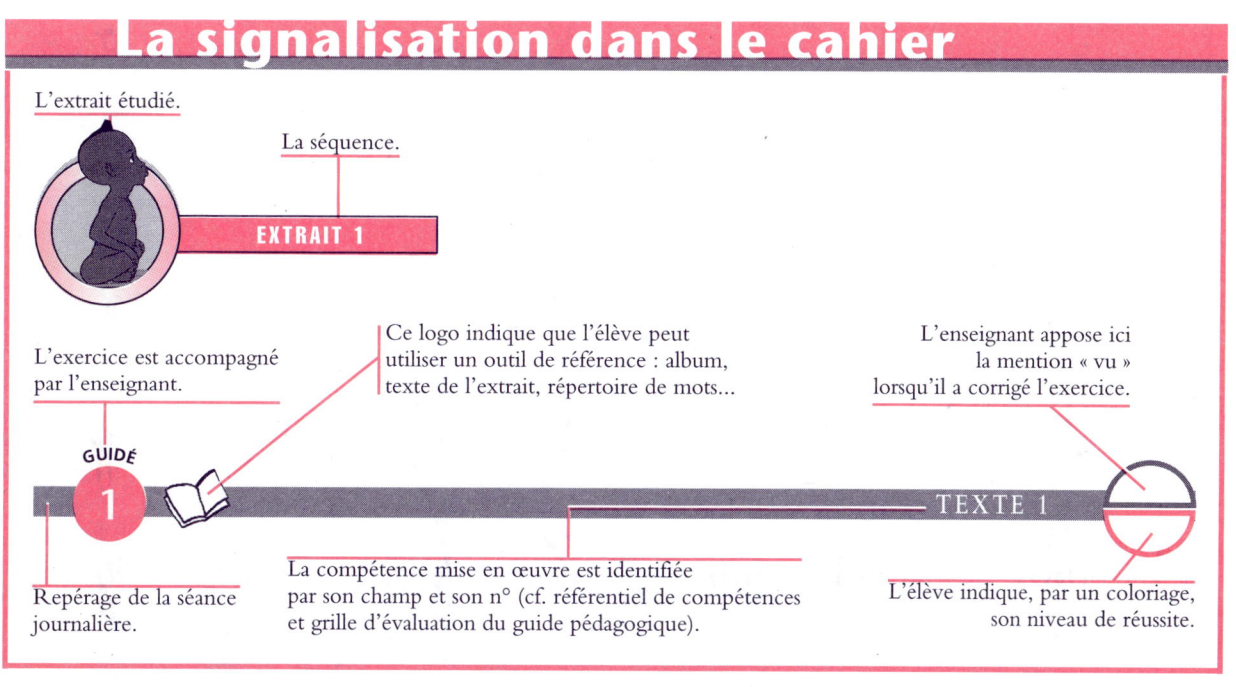

La signalisation dans le cahier

L'extrait étudié.

La séquence.

EXTRAIT 1

L'exercice est accompagné par l'enseignant.

Ce logo indique que l'élève peut utiliser un outil de référence : album, texte de l'extrait, répertoire de mots…

L'enseignant appose ici la mention « vu » lorsqu'il a corrigé l'exercice.

GUIDÉ 1

TEXTE 1

Repérage de la séance journalière.

La compétence mise en œuvre est identifiée par son champ et son n° (cf. référentiel de compétences et grille d'évaluation du guide pédagogique).

L'élève indique, par un coloriage, son niveau de réussite.

L'alphabet

A	𝒜	a	𝒶	N	𝒩	n	𝓃
B	ℬ	b	𝒷	O	𝒪	o	𝑜
C	𝒞	c	𝒸	P	𝒫	p	𝓅
D	𝒟	d	𝒹	Q	𝒬	q	𝓆
E	ℰ	e	ℯ	R	ℛ	r	𝓇
F	ℱ	f	𝒻	S	𝒮	s	𝓈
G	𝒢	g	𝑔	T	𝒯	t	𝓉
H	ℋ	h	𝒽	U	𝒰	u	𝓊
I	𝒥	i	𝒾	V	𝒱	v	𝓋
J	𝒥	j	𝒿	W	𝒲	w	𝓌
K	𝒦	k	𝓀	X	𝒳	x	𝓍
L	ℒ	l	ℓ	Y	𝒴	y	𝓎
M	ℳ	m	𝓂	Z	𝒵	z	𝓏

Sommaire

Extrait 1 — page 6
Chapitre 1, *L'arrivée de Kirikou*

Extrait 2 — page 15
Chapitre 1, *L'arrivée de Kirikou*

Extrait 3 — page 24
Chapitre 3, *Les pièges de la Sorcière*

Extrait 4 — page 32
Chapitre 4, *La source maudite*

Extrait 5 — page 39
Chapitre 6, *De l'autre côté*

Extrait 6 — page 47
Chapitre 7, *Le prodige*

Extrait 7 — page 54
Chapitre 8, *Kirikou et Karaba*

Extrait 8 — page 62
Chapitre 9, *Le retour*

Kirikou vient de naître, il parle déjà. Il veut se laver.

L'enfant voit la calebasse pleine d'eau, toute prête.
Il saute dedans et se baigne joyeusement.
Il rit de bonheur, frappant l'eau avec ses mains
et éclaboussant autour de lui.
– Ne gaspille pas l'eau. Karaba la Sorcière
a asséché notre source.
– Qui est-ce ? demande Kirikou.
La Mère explique comment Karaba,
avec ses fétiches-esclaves, a volé l'or des femmes
de la tribu, assoiffé le village et mangé
tous les hommes qui étaient allés la combattre,
y compris le père de Kirikou.

1  COMPRÉHENSION 12

▶ **Je réponds à chaque question par une phrase.**

• Où se baigne Kirikou ?

• Qui a asséché la source du village ?

• Qu'est-ce que Karaba a volé aux femmes de la tribu ?

2 ÉCRITURE 2

▶ **J'écris en écriture cursive.**

La Mère explique comment Karaba a assoiffé le village et mangé tous les hommes.

EXTRAIT 1

3 COMPRÉHENSION 10

▶ J'écris *vrai* ou *faux*.

- Kirikou est avec sa mère.
- Kirikou se baigne dans la rivière.
- Karaba est une sorcière.
- Karaba est une gentille sorcière.
- Les femmes de la tribu volent l'or de Karaba.
- Karaba a asséché la source du village.
- Le père de Kirikou a été mangé par Karaba.

4 PHONÈME-GRAPHÈME 7

▶ J'entoure le mot qui correspond au dessin.

du champagne	un tamis	un anneau	une arène
un champion	un taxi	un agent	une araignée
un champignon	une taxe	un ange	une arête
une châtaigne	un texte	un agneau	une poignée

5 — PHRASE 4

▶ **J'écris une phrase avec tous les mots donnés.**

| calebasse | se | Kirikou | la | baigne | dans |

| femmes | des | la | explique | mère | a | or | l' |

| comment | Karaba | volé |

6 GUIDÉ — PHONÈME-GRAPHÈME 6

▶ **Je retrouve les mots à partir des sons dictés et je les écris.**

_____   il _____   _____

il se _____   la _____

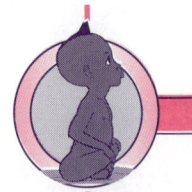

EXTRAIT 1

7 — COMPRÉHENSION 6

▶ J'écris la fin des phrases.

Il ne faut pas gaspiller l'eau car Karaba la Sorcière

La Sorcière a mangé

GUIDÉ 8 — ORTHOGRAPHE 4

▶ Je complète chaque phrase avec le verbe qui convient.

| source | se baigne | a volé | village |

| a mangé | autour | saute |

- Kirikou _____ dans la calebasse.
- La Sorcière _____ l'or des femmes.
- Le petit garçon _____ dans l'eau.
- Karaba _____ les hommes.

▶ Je colorie les verbes, je barre les autres mots.

source – se baigne – a volé – village – a mangé – autour – saute

9 — PHONÈME-GRAPHÈME 5

▶ **Je classe les mots.**

combien – comment – garçon – combattre – notre – montagne – bonheur – homme – compris

J'entends [ɔ̃]	Je n'entends pas [ɔ̃]

10 — VOCABULAIRE 3

▶ **Je dessine.**

Karaba vole l'or des femmes.	L'oiseau vole au-dessus du village.

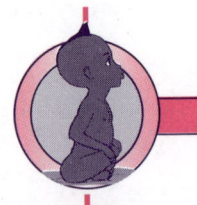

EXTRAIT 1

11 PRODUCTION DE TEXTE 6

▶ **Je complète les bulles et je dessine.**

Mère, où est mon père ?

12 — COMPRÉHENSION 8

▶ **Je mets les phrases dans l'ordre de l'histoire (à découper page 79).**

1	
2	
3	
4	

13 — PHONÈME-GRAPHÈME 5

▶ **Je trouve le son commun dans chaque liste et j'entoure les lettres qui correspondent à ce son.**

- explique – croqua – Kirikou

- montagne – baigne – atteignit

- source – ses – précieuse

- baigne – semaine – pensait

- montagne – compris – monde

EXTRAIT 1

14 GUIDÉ
ORTHOGRAPHE 4

▶ **Je complète chaque phrase avec le nom qui convient.**

| saute | enfant | le | Kirikou | jolie |
| garçon | calebasse | hommes | Karaba |

• L'_____ joue dans la _____.

• _____ est un petit _____.

• Les _____ sont allés combattre _____.

▶ **Je colorie les noms, je barre les autres mots.**

saute - enfant - le - Kirikou - jolie - Karaba -
garçon - calebasse - hommes

15
MOT 1

▶ **Je reconnais les mots dans la grille et je les écris.**

k	i	r	i	k	o	u
m	o	m	s	a	k	a
e	s	o	u	r	c	e
r	i	l	m	a	i	n
e	v	a	b	b	k	n
v	i	l	l	a	g	e

K_____
la s_____
la m_____
le v_____
la m_____
K_____

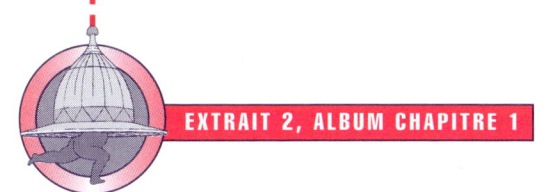

EXTRAIT 2, ALBUM CHAPITRE 1

Caché sous un chapeau, Kirikou aide son oncle à combattre Karaba. La Sorcière s'étonne de ce chapeau qui parle.

– Tu as un chapeau magique…
– Euh… Oui ! répond l'oncle, pris de court.
– Pourquoi t'appelle-t-il « oncle » ?
– Euh… C'est un chapeau poli.
– Donne-le-moi.
– Pas question !
– Bien répondu, chuchote Kirikou.
– Je laisserai tranquille ton village si tu me donnes ce chapeau…
L'oncle hésite :
– Euh…
– Hé, tu ne vas pas me donner à la Sorcière ! s'inquiète Kirikou.
– Tu imagines, en échange de ce chapeau, tu vas être celui qui a apporté la paix, le héros de ton village ! insiste Karaba.
L'oncle hésite vraiment cette fois. Il se verrait bien en héros acclamé…

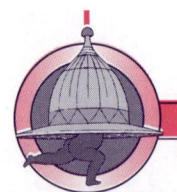

EXTRAIT 2

1   COMPRÉHENSION 12

▶ Je réponds à chaque question par une phrase.

• Que veut la Sorcière ?

• Où est Kirikou ?

• Que fera Karaba si l'oncle lui donne le chapeau ?

• L'oncle donne-t-il tout de suite le chapeau à Karaba ?

2   PHONÈME-GRAPHÈME 1

▶ J'entoure les lettres qui correspondent à chaque son.

laisserai   tranquille

question

hésite

héros   insiste

3 COMPREHENSION 5

▶ **Je complète le texte.**

— Tu as un chapeau magique, dit Karaba.
— Euh... Oui ! répond l'oncle.
— _____-le-moi.
— Pas question !
— Bien répondu, _____ Kirikou.
— Si tu me donnes ce _____, je laisserai tranquille ton village.
L'oncle hésite.
— En échange de ce chapeau, tu vas être le héros de ton _____ ! insiste _____.

4 PHRASE 2

▶ **Je sépare les mots et j'écris la phrase.**

- Karabaveutlechapeaumagique.

- L'onclehésiteàdonnerlechapeauàlasorcière.

EXTRAIT 2

5 SYLLABE 5

▶ **J'ajoute une syllabe au mot, je trouve un autre mot. Je relie.**

bois • • combien

bien • • boisson

temps • • tranquillement

tranquille • • balance

lance • • longtemps

6 PHONÈME-GRAPHÈME 5

▶ **Je classe les mots.**

école – cent – Kirikou – cerise – cinéma – masque – chou – kilo – acclamé – pouce – cantine – lac – question – classe – kangourou

J'entends [k]		
Je vois **c**	Je vois **qu**	Je vois **k**

▶ **J'écris les mots dans lesquels je n'entends pas [k] :**

7 TEXTE 5

▶ **J'entoure ce que dit l'oncle.**

– Tu as un chapeau magique…

– Euh… Oui ! répond l'oncle, pris de court.

– Pourquoi t'appelle-t-il « oncle » ?

– Euh… C'est un chapeau poli.

– Donne-le-moi.

– Pas question !

– Bien répondu, chuchote Kirikou.

– Je laisserai tranquille ton village si tu me donnes ce chapeau…

8 LETTRE 4

▶ **Je retrouve les mots et je les écris.**

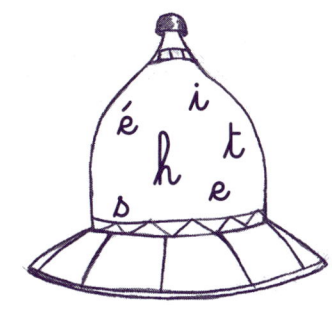  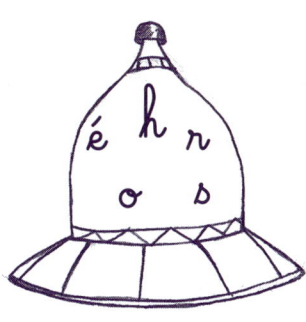

il _____   une _____   un _____

 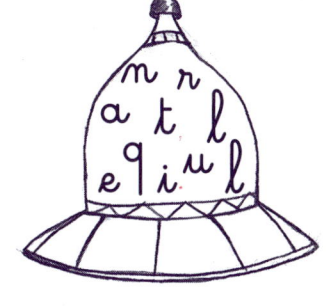

elle _____

EXTRAIT 2

9 SYLLABE 3

▶ **Je complète chaque mot avec la syllabe manquante.**

_____ ques   _____ lai   _____ rai   _____ hé   _____ siste

_____ quille   _____ cière   _____ gique

10 PHONÈME-GRAPHÈME 5

▶ **Je classe les mots.**

pris – oncle – ce – son – laisserai – si – cette – hésite – sorcière – source – héros – garçon – celui – insiste

J'entends [s]		
Je vois **s**	Je vois **c**	Je vois **ç**

▶ **J'écris les mots dans lesquels je n'entends pas [s] :**

11 — PRODUCTION DE TEXTE 3

J'imagine la suite de l'histoire.

L'oncle hésite vraiment cette fois. Il se verrait bien en héros acclamé...

EXTRAIT 2

12 — PHRASE 3

▶ **J'entoure les mots demandés.**

- Je laisserai tranquille ton village si tu me donnes ce chapeau.

- En échange de ce chapeau, tu vas être celui qui a apporté la paix, le héros de ton village.

- L'oncle se verrait bien en héros acclamé.

- Karaba insiste. Elle voudrait bien le chapeau magique.

- L'oncle hésite à donner le chapeau parce que Kirikou est caché dedans.

13 — SYLLABE 1

▶ **Je découpe les mots en syllabes.**

vraiment	vrai ment
répondu	
chuchote	
Kirikou	
insiste	
héros	
être	

14 — PHONÈME-GRAPHÈME 7

▶ **Je propose une écriture pour chaque mot.**

la _____   le _____   l' _____

le _____   le _____   la _____

15 — LETTRE 3

▶ **Je complète les mots avec les lettres manquantes.**

| l ou ll | le vi___age – l'onc___e – il appe___e |

| n ou nn | il do___e – le bo___heur – la fe___être |

| t ou tt | une ques___ion – comba___re – il s'inquiè___e |

| m ou mm | un ho___e – il i___agine – vrai___ent |

| s ou ss | il éclabou___e – une caleba___e – il in___iste |

EXTRAIT 3, ALBUM CHAPITRE 3

Les enfants sont montés dans une pirogue magique qui les emporte vers Karaba la Sorcière. Kirikou tente de les sauver…

En un éclair, Kirikou bondit et saisit le couteau.
Courant à toute vitesse, il prend un raccourci et
rattrape la pirogue à un tournant. Il saute dedans,
s'accroupit, et creuse un trou avec le couteau.
La pirogue s'emplit d'eau et s'enfonce.
– Maintenant, on nage jusqu'au bord et on se sauve !
crie-t-il aux enfants.
Au bord de la rivière, la Sorcière, entourée de
ses fétiches, guette impatiemment les enfants
prisonniers de la pirogue. Celle-ci, vide d'enfants,
vient s'arrêter exactement à ses pieds,
au fond de la rivière.

1 — COMPRÉHENSION 11

▶ **Je coche la bonne réponse.**

- À la rivière, les enfants
  - ☐ jouent avec Kirikou.
  - ☐ se moquent de Kirikou car il est petit.
  - ☐ mangent tranquillement.

- Kirikou dit aux enfants
  - ☐ de descendre de la pirogue.
  - ☐ de monter dans la pirogue.
  - ☐ d'attraper la pirogue.

- La Femme Maigre
  - ☐ monte dans la pirogue avec les enfants.
  - ☐ ramasse un couteau.
  - ☐ lâche son couteau.

2 — COMPRÉHENSION 12

▶ **Je réponds à chaque question par une phrase.**

- Avec quoi Kirikou fait-il un trou dans la pirogue ?

- Que devient la pirogue ?

EXTRAIT 3

3 — MOT 4

▶ **Je complète chaque phrase avec le « petit mot » qui convient.**

| et | aux | dedans | en | alors | avec |

- Kirikou bondit _____ saisit le couteau.
- Kirikou rattrape la pirogue et saute _____.
- Il creuse un trou _____ le couteau.
- Il crie _____ enfants : « On se sauve ! »

4 — COMPREHENSION 5

▶ **Je complète le texte.**

En un éclair, Kirikou bondit et saisit le couteau.
Il court à toute vitesse et _____ la pirogue.
Il saute dedans et _____ un trou avec le couteau. La pirogue _____.
— Maintenant, on se _____ ! crie Kirikou aux _____.
Au bord de la rivière, la _____ guette les enfants. La pirogue vient s'arrêter à ses pieds. Elle est _____.

5 COMPRÉHENSION 9

▶ **Je dessine ce qui est écrit.**

Au bord de la rivière,
la Sorcière guette le retour
de la pirogue.
Celle-ci, vide d'enfants,
vient s'arrêter à ses pieds,
au fond de la rivière.

6 PHONÈME-GRAPHÈME 8

▶ **Je change un son dans le mot, je trouve un autre mot. Je relie.**

trou •   •

bondit •   •

fond •   •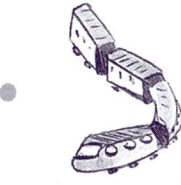

bord •   •

nage •   •

27

EXTRAIT 3

7 — ORTHOGRAPHE 2

▶ J'écris les mots manquants.

En un _____, Kirikou bondit et saisit le _____. Il _____ un raccourci et rattrape la pirogue. Il saute _____ et creuse un _____ avec le couteau. Au bord de la _____, la Sorcière _____ les _____ prisonniers de la pirogue.

8 — COMPRÉHENSION 11

▶ Je coche la bonne réponse.

- Kirikou bondit et saisit
  - ☐ l'or des femmes.
  - ☐ le couteau.
  - ☐ une corde.

- La pirogue s'emplit
  - ☐ d'eau.
  - ☐ de feu.
  - ☐ d'or.

- La Sorcière guette la pirogue
  - ☐ au bord de la route.
  - ☐ au village.
  - ☐ au bord de la rivière.

9 SYLLABE 4

▶ Je retrouve les mots et je les écris.

_____ un _____ une _____

il _____ _____

10 PHONÈME-GRAPHÈME 5

▶ Je classe les mots.

brigand – rouge – atteignit – se baigne – pirogue –
grand – village – aveugle – montagne – légume – dirigea – guette

👁 Je vois « g »		
🔊 J'entends [ʒ]	🔊 J'entends [g]	🔊 J'entends [ɲ]
rouge –	brigand –	atteignit –

11 PRODUCTION DE TEXTE 3

▶ **J'imagine la suite de l'histoire.**

La pirogue, vide d'enfants, vient s'arrêter exactement aux pieds de la Sorcière, au fond de la rivière.

12 VOCABULAIRE 2

▶ **Je colorie de la même couleur les mots que je peux regrouper.**

| main | cœur | explique | pied | crie |

| cou | demande | hurle | jambe | dit |

13 PHRASE 1

▶ **Je barre les phrases incorrectes.**

- Kirikou rattrape la pirogue.
- Le petit garçon un trou avec le couteau.
- On nage et on se sauve.
- La pirogue s'arrête.
- S'emplit d'eau et s'enfonce.
- Les enfants sont sauvés.

14 COMPRÉHENSION 3

▶ **Je barre le mot en trop.**

- Les enfants sont prisonniers de l'arbre grimpent noir.
- Kirikou casse en deux enfants l'arbre ensorcelé.
- Karaba prisonniers guette le retour de l'arbre.
- Les arbres enfants acclament Kirikou.

EXTRAIT 4, ALBUM CHAPITRE 4

Kirikou a transpercé le monstre qui avalait toute l'eau de la fontaine. L'eau jaillit brusquement de la source et renverse la Femme Forte.

Elle se remet debout, trempée, et s'écrie :
– L'eau ! L'eau est revenue !
Sa voix retentit jusqu'au village :
– L'eau ! L'eau sort de la source ! L'eau ! L'eau coule !
Tous les villageois accourent. Une belle eau abondante jaillit de la fontaine et remplit le bassin. Tous se réjouissent.
– Où est Kirikou ? s'inquiète soudain la Mère.
La Femme Forte ne sait pas comment lui annoncer la mauvaise nouvelle :
– Ma pauvre amie, il faut que tu sois courageuse : il est à l'intérieur, noyé.
La Mère reste immobile au milieu des gens qui rient et crient et dansent et chantent.

1 COMPRÉHENSION 12

▶ **Je réponds à chaque question par une phrase.**

• Que s'écrie la Femme Forte lorsqu'elle se remet debout ?

• Que font les villageois autour de la Mère ?

• Où est Kirikou ?

2 VOCABULAIRE 4

▶ **Je range les mots dans l'ordre alphabétique.**

| fontaine | abondante | villageois | mauvaise | pauvre | courageuse |

1 _____   2 _____   3 _____

4 _____   5 _____   6 _____

EXTRAIT 4

3 — COMPRÉHENSION 6

▶ J'écris le début des phrases.

_____ est revenue.

_____ ? s'inquiète la Mère.

_____ au milieu des gens.

4 — PHRASE 2

▶ Je sépare les mots et j'écris la phrase.

• L'eausortdelasource !

• Unebelleeauabondantejaillitdelafontaine.

• Lesgensrientetcrientetdansentetchantent.

5 LETTRE 4

▶ **Je retrouve les mots et je les écris.**

les _____   il est _____

 _____

6 PHONÈME-GRAPHÈME 5

▶ **Je trouve le son commun dans chaque liste et j'entoure les lettres qui correspondent à ce son.**

- villageois – rouge – jolie – jeta – dirigea – toujours

- mauvaise – eau – comment – autour – prisonnier

- matin – soudain – plein – main – princesse

- comment – remplit – brigand – demanda – entra

- noyé – paille – fille – joyeusement – soleil

EXTRAIT 4

7 — ÉCRITURE 2

▶ **J'écris en écriture cursive.**

KIRIKOU EST À L'INTÉRIEUR, NOYÉ.

LA FEMME FORTE S'ÉCRIE : « L'EAU EST REVENUE ! »

8 — ORTHOGRAPHE 3

▶ **Je souligne :**
– en bleu, les phrases interrogatives ;
– en rouge, les phrases exclamatives.

La Femme Forte s'écrie :
– L'eau est revenue ! L'eau sort de la source !
Les villageois accourent et tous se réjouissent.
– Où est Kirikou ? s'inquiète soudain la Mère.
– Comment lui annoncer la mauvaise nouvelle ?
se demande la Femme Forte.

9 — ORTHOGRAPHE 5

▶ **Je relie.**

La Mère •   • chantent.

                   • dansent.

                   • se réjouissent.

Les villageois •   • s'inquiète.

10 PRODUCTION DE TEXTE 4

▶ **Je raconte comment Kirikou empêche le monstre de boire l'eau de la source.**

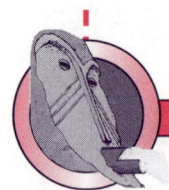

EXTRAIT 4

11 — TEXTE 3

▶ **Je me repère dans la table des matières de l'album.**

- Combien y a-t-il de chapitres dans cet album ? _____

- À quelle page commence « La source maudite » ? page _____

- Dans quel chapitre parle-t-on du chapeau magique ? _____

- Quel chapitre commence à la page 49 ?
  _____

12 — COMPRÉHENSION 14

▶ **J'entoure les mots ou groupes de mots qui désignent (la mère de Kirikou).**

La Femme Forte se remet debout, trempée, et s'écrie :
— L'eau ! L'eau est revenue !
Sa voix retentit jusqu'au village :
— L'eau ! L'eau sort de la source ! L'eau ! L'eau coule !
Tous les villageois accourent. Une belle eau abondante jaillit de la fontaine et remplit le bassin.
Tous se réjouissent.
— Où est Kirikou ? s'inquiète soudain la Mère.
La Femme Forte ne sait pas comment lui annoncer la mauvaise nouvelle :
— Ma pauvre amie, il faut que tu sois courageuse : il est à l'intérieur, noyé.
La Mère reste immobile au milieu des gens qui rient et crient et dansent et chantent.

EXTRAIT 5, ALBUM CHAPITRE 6

Kirikou a décidé de rejoindre son grand-père, le Sage-dans-la-Montagne. Après avoir échappé à la zorille, il fait à nouveau une terrible rencontre…

C'est un phacochère à la crinière hirsute, à l'énorme groin couvert de grosses verrues bizarres et aux canines qui sortent comme les défenses d'un éléphant.

Kirikou prend ses jambes à son cou.

Le gros animal le poursuit en faisant entendre un grognement redoutable.

– Quel idiot ! Je viens de m'attacher le poignard dans le dos !

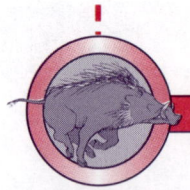

EXTRAIT 5

1   COMPRÉHENSION 2

▶ **J'entoure les dessins qui correspondent à l'histoire.**

2   COMPRÉHENSION 12

▶ **Je réponds à chaque question par une phrase.**

- Quel animal Kirikou rencontre-t-il ?

- Que fait Kirikou ?

- Où est le poignard de Kirikou ?

3 — MOT 3

▶ **Je dessine ce qui est écrit.**

un phacochère	un éléphant
un poignard	une pirogue

4 — COMPRÉHENSION 9

▶ **Je dessine ce qui est écrit.**

C'est un phacochère
à la crinière hirsute,
à l'énorme groin couvert
de grosses verrues bizarres et
aux canines qui sortent
comme les défenses
d'un éléphant.

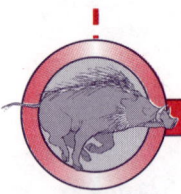

EXTRAIT 5

5 PHRASE 4

▶ **J'écris une phrase avec tous les mots donnés.**

| Kirikou | a | son | attaché | le | poignard | dans | dos |

| redoutable | fait | l' | entendre | animal |

| grognement | un |

GUIDÉ

6 VOCABULAIRE 6

▶ **Je complète.**

- grogner → le grognement
- hurler → le ___
- ranger → le ___
- miauler → le ___
- changer → le ___
- classer → le ___

7 — COMPRÉHENSION 8

▶ **Je mets les phrases dans l'ordre de l'histoire (à découper page 77).**

1	
2	
3	
4	

8 — PHONÈME-GRAPHÈME 5

▶ **Je trouve des mots dans lesquels je vois la lettre « h » et je les classe.**

👁 Je vois « h »		
👂 J'entends [ʃ]	👂 J'entends [f]	❌ Je n'entends pas le « h »
chinois –	*éléphant* –	*habitait* –

43

EXTRAIT 5

9 SYLLABE 5

▶ **Je change une syllabe dans le mot, je trouve un autre mot.**

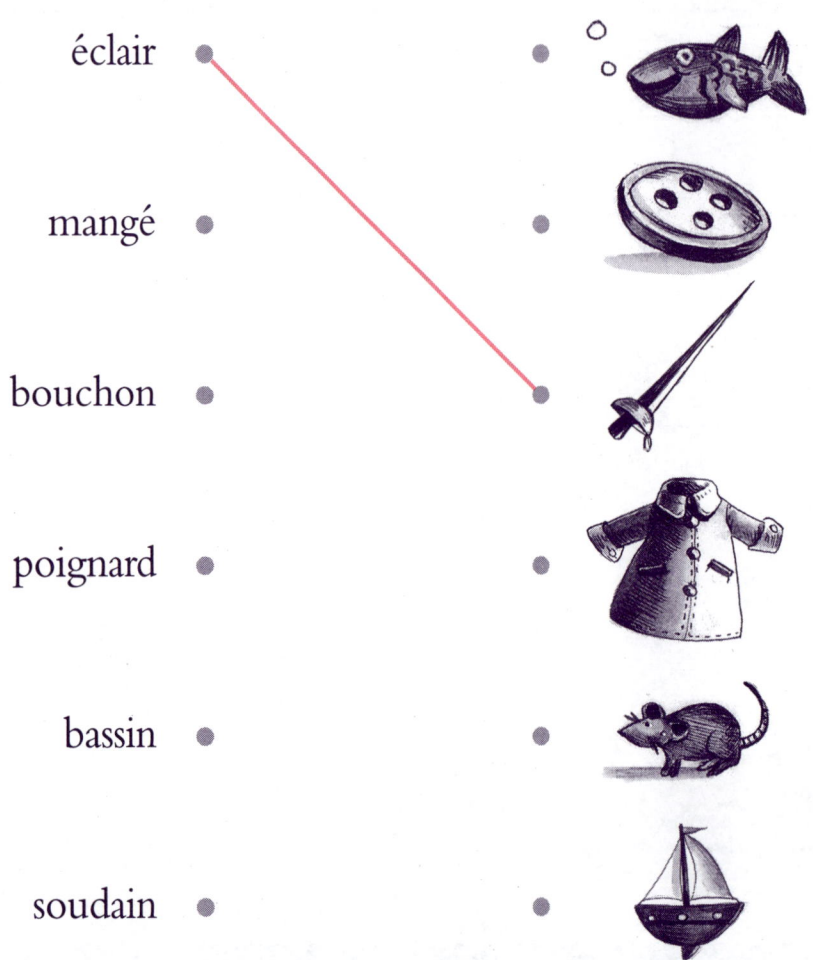

éclair

mangé

bouchon

poignard

bassin

soudain

10 GUIDÉ VOCABULAIRE 2

▶ **Je colorie de la même couleur les mots que je peux regrouper.**

| groin | défense | eau | crinière |

| source | fontaine | patte | rivière |

PRODUCTION DE TEXTE 2

▶ **J'imagine un autre animal. Je fais son portrait.**

C'est un

EXTRAIT 5

12 — PHONÈME-GRAPHÈME 2

▶ **Je trouve le son [e] et j'entoure les lettres qui correspondent à ce son.**

énorme   éléphant   attacher

chez   défense   entendre

prisonnier   trempée

annoncer   revenez   entourée

13 — LETTRE 1

▶ **J'écris les mots dans les cases.**

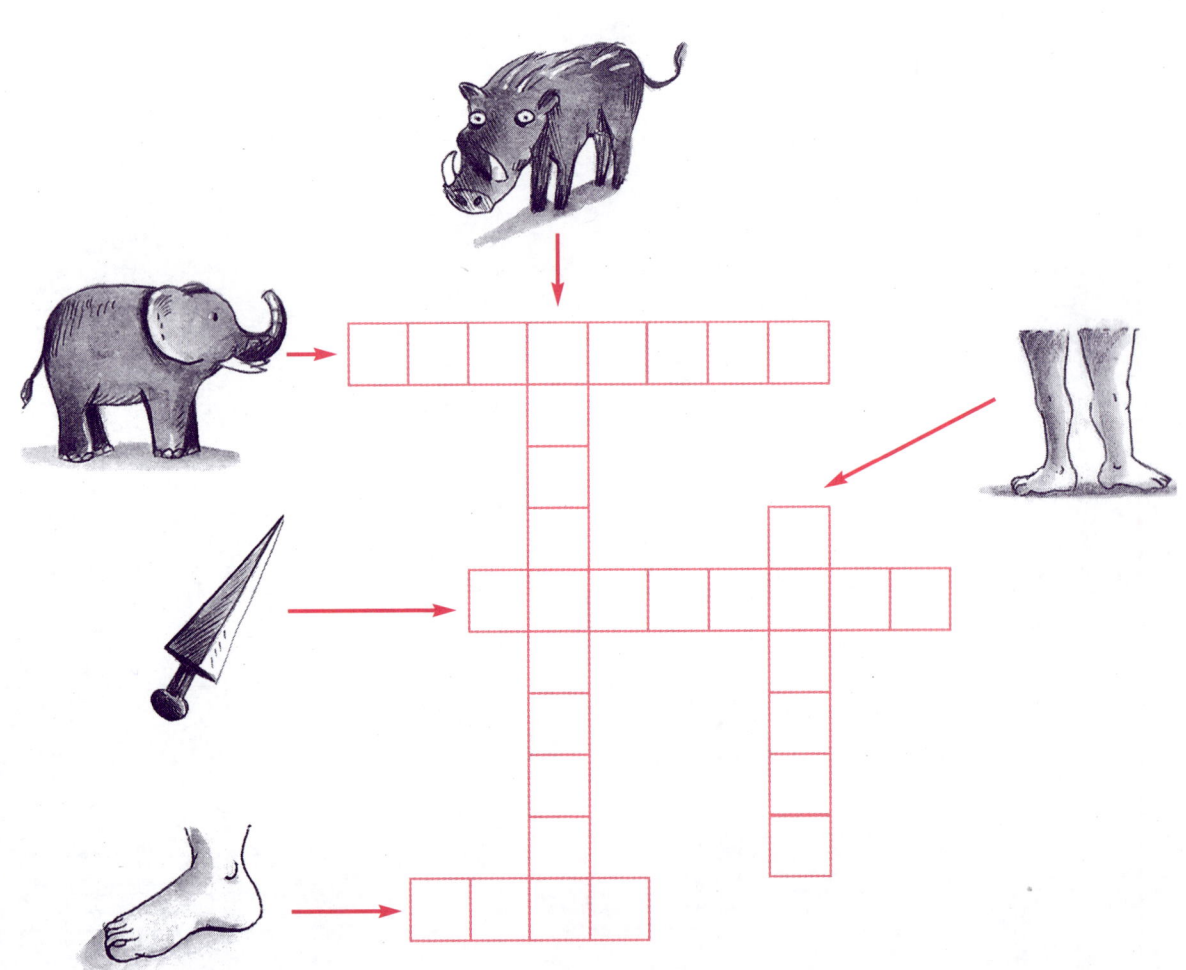

Après de nombreuses épreuves, Kirikou a enfin rejoint son grand-père.

– Grand-Père, comment Karaba la Sorcière a-t-elle fait entrer le monstre dans la grotte de la Source ?
– Il est entré tout seul. Il était tout petit et il avait soif. Avec les années, il a grossi.
– Grand-Père, pourquoi Karaba dévore-t-elle les hommes ?
– C'est une idée des gens du village. Elle n'a jamais mangé un homme.
– Grand-Père, pourquoi Karaba fait-elle du mal aux villageois ?
– Parce qu'elle a mal. Des hommes lui ont enfoncé une épine empoisonnée dans la colonne vertébrale.
– Pourquoi n'enlève-t-elle pas l'épine ?

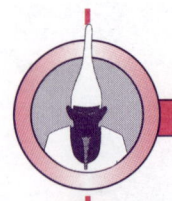 **EXTRAIT 6**

1 COMPRÉHENSION 12

▶ Je réponds à chaque question par une phrase.

• Qui a fait entrer le monstre dans la grotte de la Source ?

• Est-ce que Karaba a mangé les hommes du village ?

• Qu'est-ce que Karaba a dans la colonne vertébrale ?

2 COMPRÉHENSION 4

▶ Je relie pour faire des phrases.

Le monstre est entré	•	•	il a grossi.
Avec les années,	•	•	tout seul.
Il était tout petit	•	•	fait-elle du mal aux villageois ?
Pourquoi Karaba	•	•	et il avait soif.

3 COMPRÉHENSION 5

▶ Je complète les phrases.

- Kirikou parle avec son _____.
- Karaba a-t-elle _____ les hommes ?
- Karaba fait du mal aux villageois parce qu'elle a _____.
- Les hommes lui ont enfoncé une _____ _____ dans la colonne vertébrale.
- Kirikou demande : « _____ n'enlève-t-elle pas l'épine ? »

4 PHONÈME-GRAPHÈME 5

▶ Je classe les mots.

annoncer – colonne – grand – année – épine – mangé – monstre – entrer – comment – dans – enfoncé

J'entends [ã]	J'entends [ɔ̃]	J'entends [n]

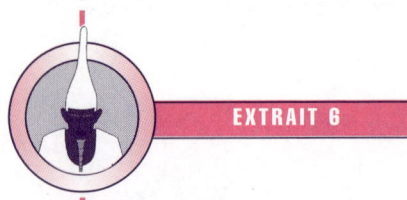

EXTRAIT 6

5 SYLLABE 2

▶ **Je coche la syllabe commune.**

- emmena – empoisonnée
  ☐–☐–☐   ☐–☐–☐–☐

- demanda – mangé
  ☐–☐–☐   ☐–☐

- poignard – empoisonnée
  ☐–☐   ☐–☐–☐–☐

- prisonnier – empoisonnée
  ☐–☐–☐   ☐–☐–☐–☐

6 PRODUCTION DE TEXTE 6

▶ **Je complète les bulles.**

7 — PHRASE 4

▶ J'écris une phrase en choisissant des mots.

| dévore | les | Karaba | a mangé | guette |
| comment | hommes | enfants | pourquoi |

8 — LETTRE 3

▶ Je complète les mots avec les lettres manquantes.

expli_ue   ro_nement   _uestion   pour_uoi

tran_uille   man_é   piro_ue   _rotte

9 — ORTHOGRAPHE 6

▶ J'écris un adjectif pour chaque nom.

| petite | grand | petit | gros | grosses | petites | grandes | petits |

- un _____ monstre
- une _____ fille
- un _____ chapeau
- des _____ enfants
- des _____ canines
- des _____ épines

EXTRAIT 6

10 PRODUCTION DE TEXTE 3

▶ **J'imagine la suite de l'histoire.**

—Pourquoi Karaba n'enlève-t-elle pas l'épine ? demande Kirikou.

11 PHONÈME-GRAPHÈME 8

▶ **Je retire un son au mot, je trouve un autre mot. Je relie.**

blanc • •

monstre • •

idée • •

épine • •

source • •

grand • •

12 PHONÈME-GRAPHÈME 4

▶ **J'écris des mots dans lesquels j'entends le son [ã].**

EXTRAIT 7, ALBUM CHAPITRE 8

Kirikou a attiré Karaba dans la forêt. Il a enterré les bijoux de la Sorcière au pied de l'arbre dans lequel il s'est caché.

Kirikou saute sauvagement sur le dos de la Sorcière
et arrache l'épine avec ses dents. Karaba pousse
un hurlement interminable qui paralyse d'effroi
les gens du village et les animaux de la forêt.
Dans la clairière, Karaba la Sorcière est toujours
accroupie, la tête baissée. On n'entend plus rien.
Peu à peu, les oiseaux se mettent à chanter ;
des bourgeons poussent et éclosent ; les feuilles vertes
reviennent sur les arbres ; une multitude de fleurs
blanches s'épanouit autour de Karaba
qui revient à la vie.
Elle ne souffre plus. Apaisée, elle regarde
le petit garçon qui attend.

1 COMPRÉHENSION 4

▶ **Je relie pour faire des phrases.**

| Kirikou creuse une galerie pour | • | • | sous un arbre de la forêt. |

| Kirikou cache les bijoux | • | • | l'épine empoisonnée dans le dos de la Sorcière. |

| Kirikou est dans l'arbre et voit | • | • | voler les bijoux dans la case de Karaba. |

2 COMPRÉHENSION 12

▶ **Je réponds à chaque question par une phrase.**

• Avec quoi Kirikou arrache-t-il l'épine ?

• Que fait la Sorcière lorsque Kirikou arrache l'épine ?

• Que regarde Karaba ?

EXTRAIT 7

3 — SYLLABE 3

▶ **Je complète chaque mot avec la syllabe manquante.**

fo _____   _____ vient   empoi _____ nnée   a _____ maux

_____ raba   sau _____   _____ gement   accrou _____   in _____   _____ minable

4 — COMPRÉHENSION 10

▶ **Je relie chaque phrase à** vrai **ou** faux **.**

- Kirikou tombe sur Karaba.
- Karaba avait une épine dans le dos.
- Karaba pousse un petit cri.
- Karaba est morte.
- Karaba n'a plus mal.

vrai

faux

5 — PHRASE 2

▶ **Je souligne les phrases écrites correctement.**

- Kirikou arrache l'épine avecses dents.
- On n'entend plus rien.
- Karaba nesouffre plus.
- Elle regarde le petit garçon qui attend.
- Karaba revient à lavie.

6 PHONÈME-GRAPHÈME 5

▶ **Je complète les mots avec l'écriture correcte du son [ɛ].**

| e | è | ê | ai | ei |

écl_r   t_te   fen_tre   phacoch_re

m_re   mauv_se   sem_ne   r_ne

qu_stion   se b_gne   v_rte

7 PHONÈME-GRAPHÈME 8

▶ **J'ajoute un son au mot, je trouve un autre mot. Je relie.**

cou •   •

homme •   •

qui •   •

leur •   •

peu •   •

tout •   •

57

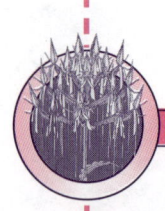

EXTRAIT 7

8 — COMPRÉHENSION 14

▶ **J'entoure les mots ou groupes de mots qui désignent (la Sorcière).**

Kirikou saute sauvagement sur le dos de la Sorcière et arrache l'épine avec ses dents. Karaba pousse un hurlement interminable.
Dans la clairière, Karaba la Sorcière est toujours accroupie, la tête baissée. On n'entend plus rien.
Peu à peu, une multitude de fleurs blanches s'épanouit autour de Karaba qui revient à la vie.
Elle ne souffre plus.
Apaisée, elle regarde le petit garçon qui attend.

9 — MOT 3

▶ **Je dessine ce qui est écrit.**

une fleur jaune	une forêt
un trèfle à quatre feuilles	rien

10 TEXTE 2

▶ **Je me repère dans le texte :**
– j'entoure le premier paragraphe ;
– je souligne le premier mot du deuxième paragraphe.

Kirikou saute sauvagement sur le dos de la Sorcière et arrache l'épine avec ses dents. Karaba pousse un hurlement interminable.
Dans la clairière, Karaba la Sorcière est toujours accroupie, la tête baissée. On n'entend plus rien. Peu à peu, une multitude de fleurs blanches s'épanouit autour de Karaba qui revient à la vie.
Elle ne souffre plus. Apaisée, elle regarde le petit garçon qui attend.

11 PRODUCTION DE TEXTE 7

▶ **J'écris une phrase avec chaque mot.**

- *revient*

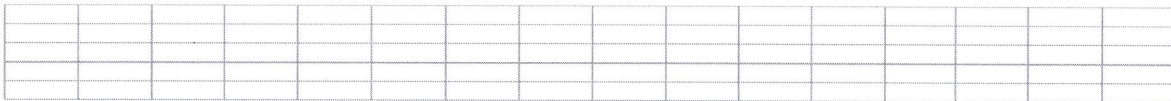

- *rien*

- *forêt*

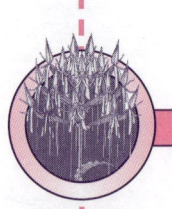

EXTRAIT 7

12 PRODUCTION DE TEXTE 3

▶ **J'imagine la suite de l'histoire.**

Apaisée, Karaba regarde le petit garçon qui attend.

GUIDÉ

13 PHRASE 3

▶ **J'entoure les mots demandés.**

- Un hurlement interminable paralyse d'effroi les gens du village.
- On n'entend plus rien.
- Peu à peu, les oiseaux se mettent à chanter.
- Une multitude de fleurs blanches s'épanouit autour de Karaba.
- Karaba ne souffre plus, elle est apaisée.

14 ORTHOGRAPHE 2

▶ **J'écris les mots qui correspondent aux dessins.**

une _____   une _____

une _____   une _____

61

EXTRAIT 8, ALBUM CHAPITRE 9

Kirikou, devenu un homme, est revenu au village, accompagné de Karaba. Les villageois veulent tuer la Sorcière.

Tout à coup, un martèlement interrompt les cris.
Les villageois ouvrent grand leurs yeux et reculent.
Le Sage-dans-la-Montagne arrive au village,
sur un palanquin, entouré de joueurs de tam-tam.
– Kirikou n'a pas menti. Et il faut pardonner.
Karaba ne mangeait pas les hommes ;
elle les transformait en objets obéissants, en fétiches.
Mais Kirikou a délivré Karaba de son mal et libéré
les hommes de leur enchantement.
Les voici.
La mère de Kirikou, les larmes aux yeux,
tend les bras vers un homme qui est le sosie
de Kirikou jeune homme.

1. PRODUCTION DE TEXTE 6

▶ **Je complète les bulles.**

2. GRAPHÈME-PHONÈME 5

▶ **Je trouve le son commun dans chaque liste et j'entoure les lettres qui correspondent à ce son.**

- fétiche – phacochère – soif – défense – éléphant

- sosie – bizarre – prisonnier – zorille – hésite

- palanquin – empoisonnée – jambe – martèlement – dent

- garçon – pirogue – grotte – guette – brigand

 **EXTRAIT 8**

3 — COMPRÉHENSION 12

▶ Je réponds à chaque question par une phrase.

• Qui arrive au village ?

• Que faisait Karaba des hommes du village ?

• Qui les villageois voient-ils arriver avec le Sage ?

4 — PHONÈME-GRAPHÈME 1

▶ J'entoure les lettres qui correspondent à chaque son.

joueur   obéissant

    reculent   sosie

        enchantement

feuille

                tête

    fleur

5 — COMPRÉHENSION 4

▶ **Je relie pour faire des phrases.**

Les villageois • • fétiches.

Kirikou n'a pas menti, il faut • • reculent.

Karaba transformait les hommes en • • pardonner.

Le Sage-dans-la-Montagne arrive • • un homme.

La mère de Kirikou tend les bras vers • • sur un palanquin.

6 — SYLLABE 1

▶ **Je découpe les mots en syllabes.**

sosie	_so_ _sie_
enchantement	
joueur	
délivré	
objet	
palanquin	
libéré	

EXTRAIT 8

7 SYLLABE 5

▶ **Je retire une syllabe au mot, je trouve un autre mot.**

voici •

garçon •

brigand •

noyé •

sosie •

joueurs •

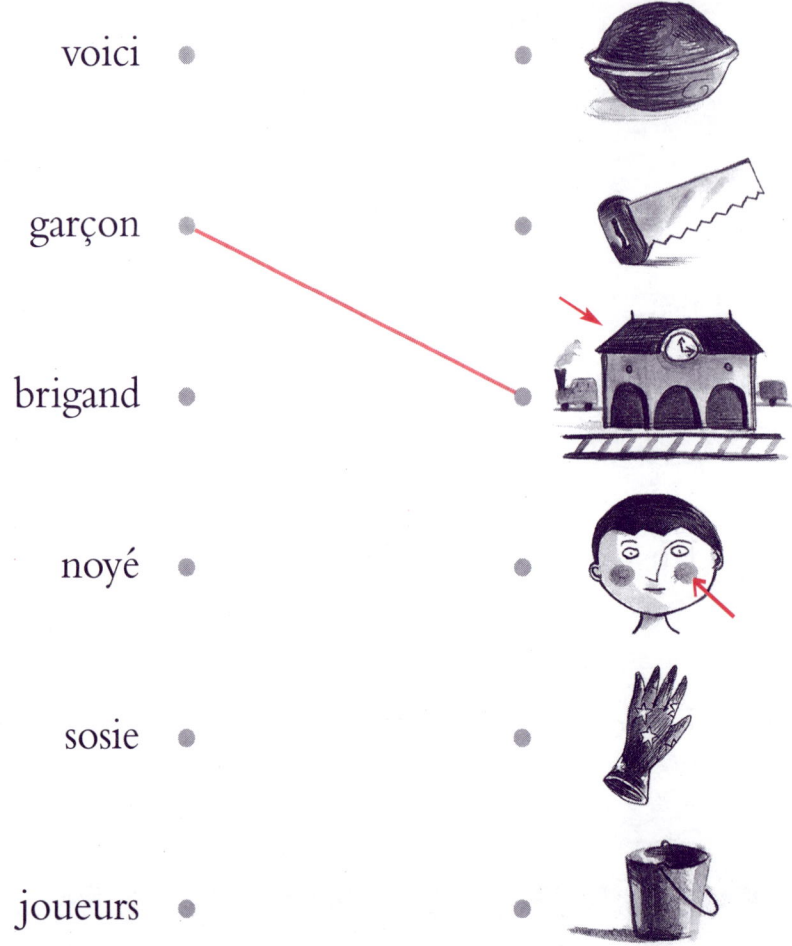

8 ÉCRITURE 2

▶ **J'écris en écriture cursive.**

Kirikou a délivré Karaba de son mal et libéré les hommes de leur enchantement. Les voici.

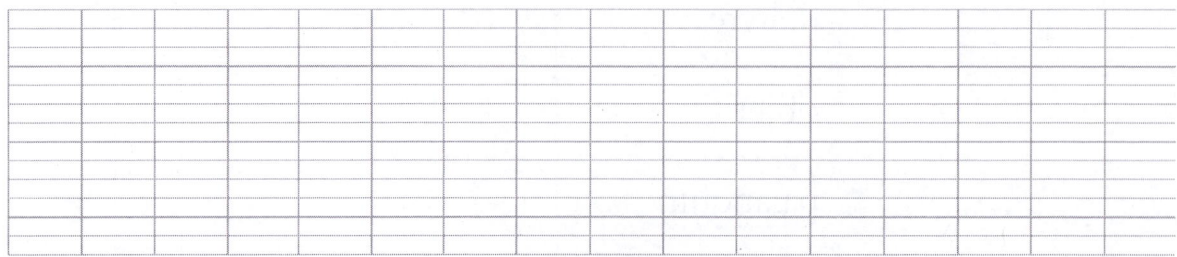

9 COMPRÉHENSION 7

▶ **Je mets les dessins dans l'ordre de l'histoire (à découper page 75).**

1	2	3
4	5	6
7	8	9

10 VOCABULAIRE 4

▶ **Je range les mots dans l'ordre alphabétique.**

| mère | sorcière | phacochère | larme | homme | enfant |

1 _____   2 _____   3 _____

4 _____   5 _____   6 _____

67

EXTRAIT 8

11 PRODUCTION DE TEXTE 4

▶ **Je raconte le retour des hommes au village.**

12 SYLLABE 5

▶ Je choisis des syllabes pour former un autre mot.

- (com)battre (prend) → il comprend
- mangé   château   → un _____
- bizarre   joueur   → un _____
- grenouille meunier   → un _____
- marchandise dirigea   → il _____

13  PHONÈME-GRAPHÈME 7

▶ Je propose une écriture pour chaque mot.

une _____   une _____   une _____

un _____   un _____   un _____

EXTRAIT 8

14 LETTRE 1

▶ **J'écris les mots dans les cases.**

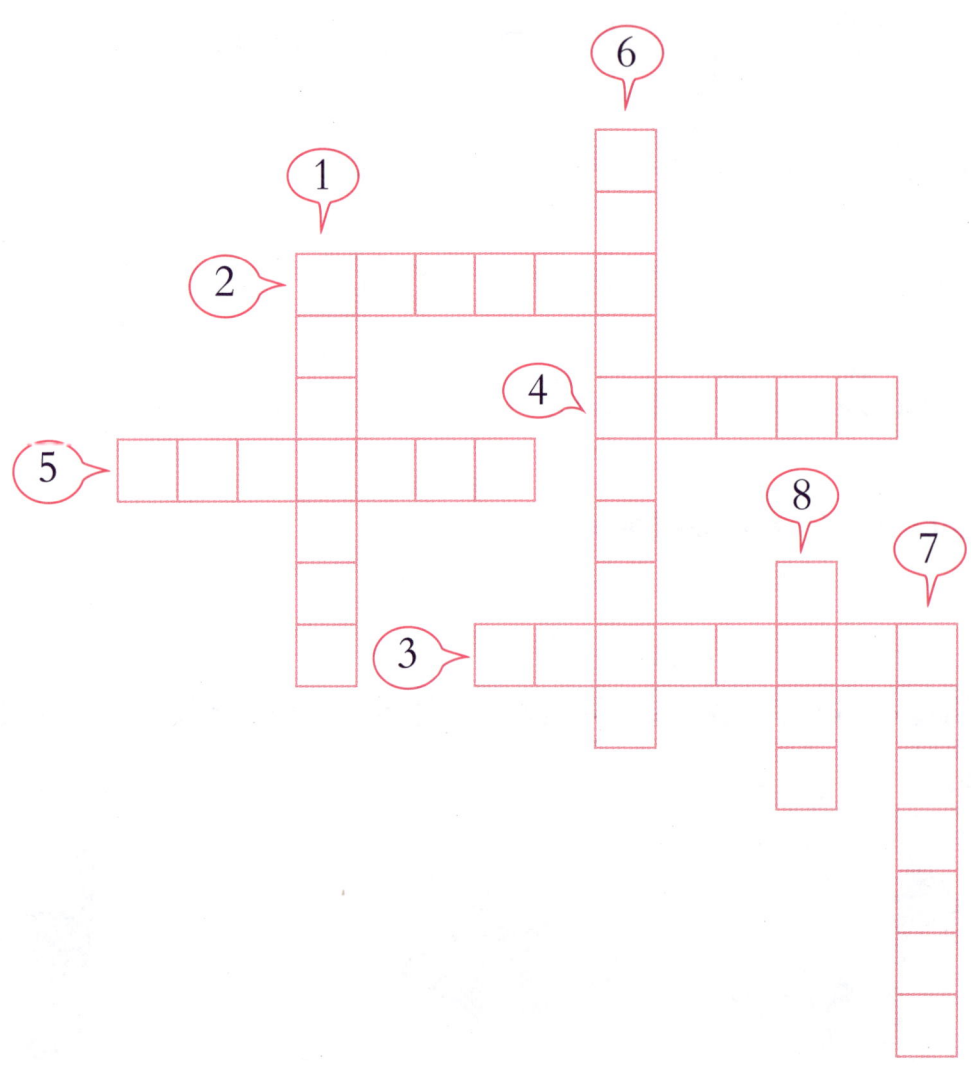

1. Il n'est pas grand, mais il est vaillant. C'est ….
2. Elle a volé l'or des femmes du village. C'est ….
3. Karaba est une ….
4. Il était parti combattre Karaba avec un chapeau magique. C'est l'….
5. Karaba avait transformé le père de Kirikou en ….
6. Il a la crinière hirsute. C'est le ….
7. Ils étaient prisonniers de la pirogue. Ce sont les ….
8. Elle s'inquiète beaucoup pour Kirikou. C'est sa ….

PRODUCTION DE TEXTE 2

▶ **J'imagine une suite à la chanson de Kirikou.**

Kirikou n'est pas grand, mais il est
Kirikou est petit, mais il est
Kirikou est moqueur, mais il est
Kirikou est
Kirikou

LETTRE 1

▶ **J'écris les mots dans les cases.**

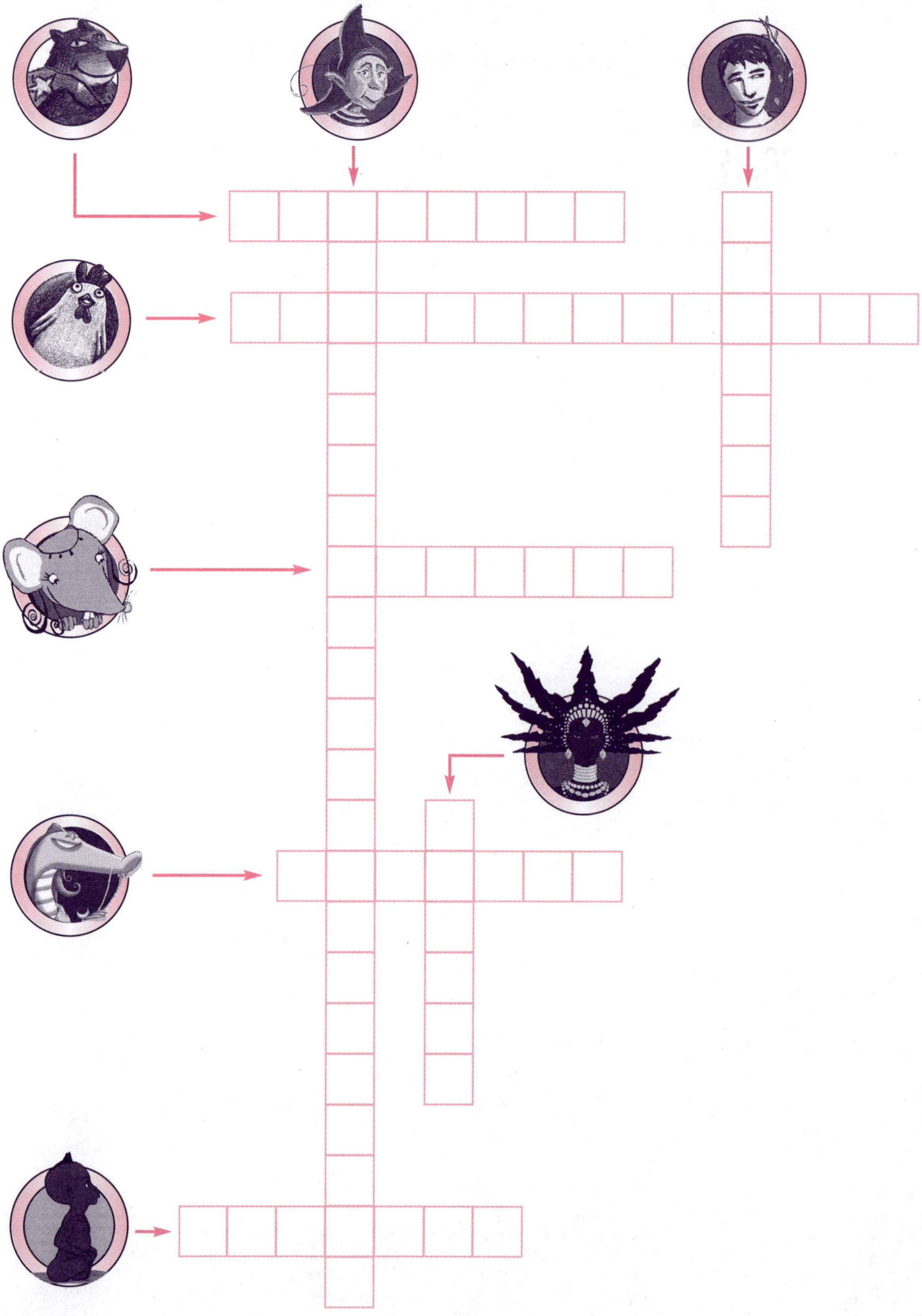

Matériel à découper

- **Exercice 8, page 67**
- **Exercice 7, page 43**
- **Exercice 12, page 13**

EXERCICE 8, PAGE 67

EXERCICE 7, PAGE 43

– Quel idiot ! Je viens de m'attacher le poignard dans le dos.

Kirikou prend ses jambes à son cou.

C'est un phacochère à la crinière hirsute, à l'énorme groin et aux canines qui sortent comme les défenses d'un éléphant.

Le gros animal le poursuit en faisant entendre un grognement redoutable.